世界の難民の子どもたち
②「イラン」のナビッドの話

イランから脱出してきた、ぼくの本当の話。

＊（監修者註）難民の定義はさまざまありますが、この本では、保護を求めて国外に逃れた人を「難民」と呼んでいます。

Navid's Story - A Journey from Iran (Seeking Refuge)
Text and Illustrations ©Mosaic Films 2015
Japanese translation rights arranged with HODDER AND STOUGHTON LIMITED
on behalf of Wayland, a division of Hachette Children's Group
through Japan UNI Agency, Inc., Tokyo

世界の難民の子どもたち
②「イラン」のナビッドの話

2016年10月18日　初版1刷発行

監修　難民を助ける会

作　アンディ・グリン
絵　ジョナサン・トップフ
訳　いわたかよこ
（翻訳協力　株式会社トランネット）

DTP　川本要

発行者　荒井秀夫
発行所　株式会社ゆまに書房

東京都千代田区内神田2-7-6
郵便番号　101-0047
電話　03-5296-0491（代表）

ISBN978-4-8433-4989-2 C0331

落丁・乱丁本はお取替えします。
定価はカバーに表示してあります。

Printed and bound in China

世界の難民の子どもたち
②「イラン」のナビッドの話

ぼくはナビッド。
これは、イランから脱出してきた
ぼくの話。

ぼくたち家族は、イランから脱出しました。おとうさんが
イランの、政治のやり方や、国のあり方に、反対していたからです。

政府の役人が来た日のことは、今でも、おぼえています。
おとうさんの命が、あぶない！ すぐに、脱出しなければなりませんでした。

おおぜいの人が、イランの政府に反対していました。
そして、おとうさんと同じような目にあっていました。

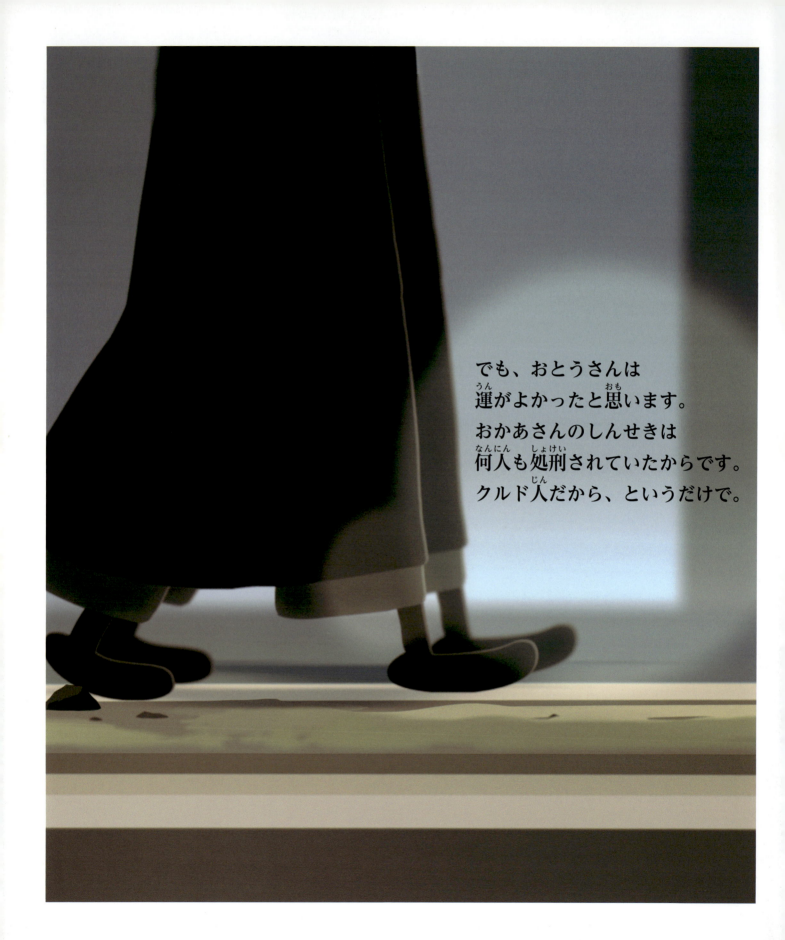

でも、おとうさんは
運がよかったと思います。
おかあさんのしんせきは
何人も処刑されていたからです。
クルド人だから、というだけで。

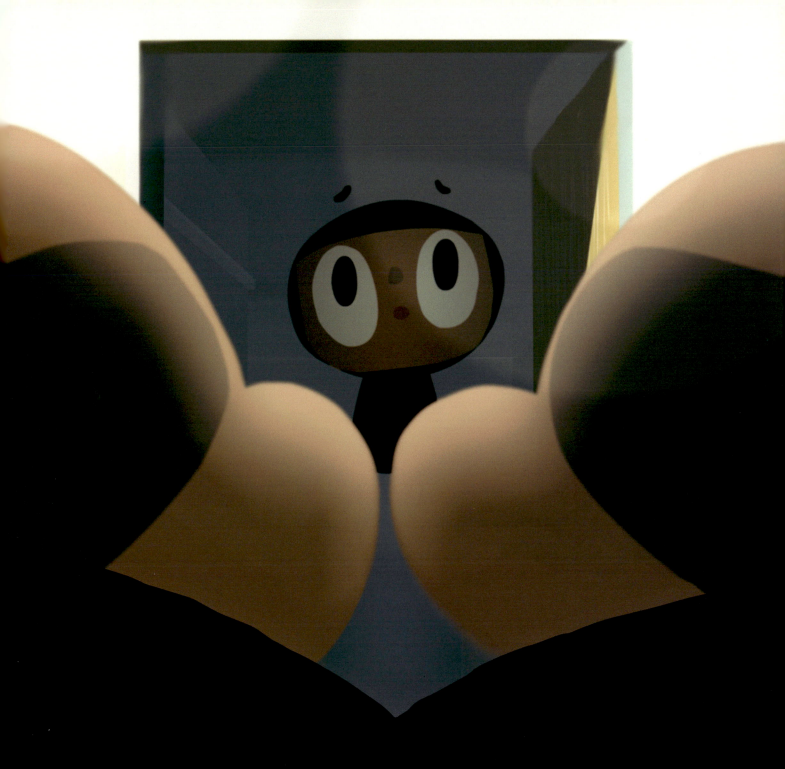

おとうさんが脱出したあとも
役人は、くりかえし、やって来ました。
おとうさんはどこへ行ったと
おかあさんを責めたのです。

「わたしたちも、脱出しましょう」
おかあさんは言いました。

ぼくたちがイランを脱出する夜、みんなは
とても悲しそうな顔をしていました。

どうしてなんだろう？
最初はわかりませんでした。
でも、空港に着いて、気づいたのです。
もう二度と、この国にもどってくることはないんだと。
胸がはりさけそうな思いは、飛行機をおりるころまで続きました。

着いたのは、イタリアです。そこから先は、ほとんど歩きでした。
高い鉄条網も、必死に乗りこえました。ものすごく、どきどきしました。

夜、森の中をとおっていくと、その国の警官によび止められたこともありました。
警察犬にほえ立てられて、足がすくみました。

こっそり、小屋にとまったこともあります。
あれは、イタリアの東にある
スロベニアという国だったと思います。
でも、自信はありません。

次の夜には
その小屋を
出なければ
なりませんでした。
おかあさんが
心配そうな顔をしていたので
胸さわぎがしました。

ようやく、また次の、知らない国に着きました。そのとき荷台の後ろのほろに、ナイフがつき立てられたのです。
ほろがどんどん、切られていきます。

まるで、映画みたいでした。
サーッと差しこんできた、太陽の光が
荷台の奥で、小さくなっていた
おかあさんとぼくを、照らし出したのです。

その日、もう何年も前に別れたきりだった、おとうさんに会いました。

でも、ものすごく変な気分でした。
こんなふうに会うなんて、夢にも思っていなかったからです。

それに最初は、おとうさんのことが、わかりませんでした。
だけど、言われたんです。
「ナビッド、おとうさんだよ。会いたかったぞ」

ぼくは、車の後ろの席に座りました。
おとうさんとおかあさんは、前です。

だんだん暗くなっていきます。ぼくは、おとうさんだけを
じっと見ていました。そして、考えていたんです。
この人は、だれなんだろう？ いったい、どうなっているんだろう？

でも、少しずつ

緊張がほぐれていきました。そばにいるだけで、安心できました。
うん、まちがいない。やっぱり、ぼくのおとうさんだ！

新しい国で、学校にかよいはじめました。
最初のうちは、いやでいやで、たまりませんでした。
ほかの子や、先生のせいじゃありません。
何もわからなかったからです。
そもそも、言葉がわかりませんでした。

自分が仲間はずれみたいで
ものすごく、気後れしました。

今でも、わすれられないことがあります。
休み時間になると、いつもおかあさんが来て
フェンスごしに、話し相手になってくれました。

だけど、チャイムがなると
おかあさんは帰っていきました。
ぼくは、フェンスにしがみつきます。
刑務所にでも入れられているみたいでした。

学校で
話しかけられても
ちんぷんかんぷんでした。
さびしくて、心細くて
たまりませんでした。

やさしい笑顔を見れば、みんなが、親切な気持ちから
声をかけてくれているのは、わかりました。
ただ、何て言われているのかは、わからないので
ずっと、おどおどしていました。

なれるまでは、大変でした。

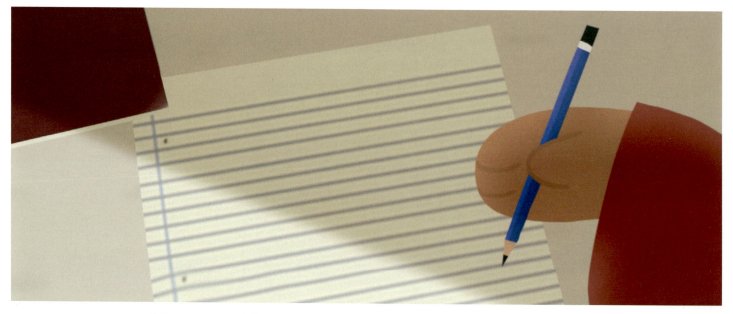

何もかも、一から、おぼえなきゃなりませんでした。

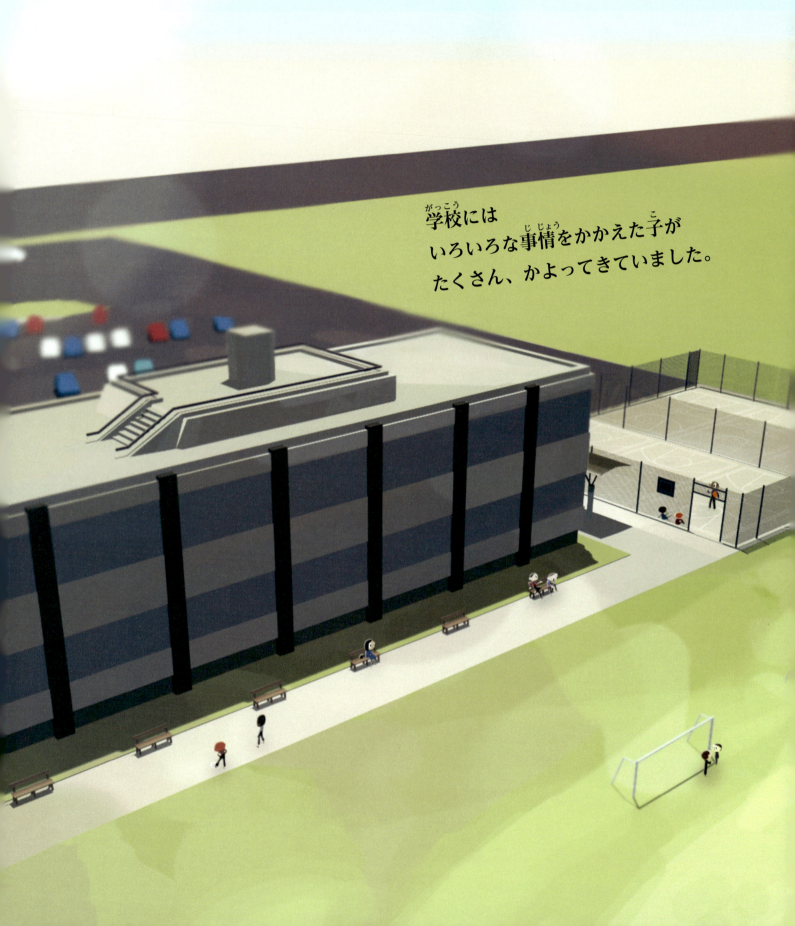

ぼくみたいに、自分の国から、にげてきた子もいました。
施設もあって、放課後、そこに行けば
同じような目にあってきた子に会えました。

たしかに、最初のうちは、なじめないことばかりで
大変でした。
けれど、とっても幸せなことに
ぼくにはいつも、助けてくれる人たちがいたんです。

それにもちろん、おとうさんとおかあさんも。

難民の理解のために

みなさんは「難民」と聞くと、どのような人を想像しますか。世界にはさまざまな理由で自分の故郷を捨てなければならない人々がいます。UNHCR（国連難民高等弁務官事務所）発表によると、2015年末の時点で、世界中で6,530万人が、内戦や治安悪化などによって難民や国内避難民などとして故郷を追われ、強制的に移動しなければならない状況に置かれています。

このうち、2,130万人が、母国を離れ他国に逃れている「難民」、約4,080万人が自国にとどまって避難生活を送っている「国内避難民」、そして320万人が「庇護希望者」です。いま、日本の人口は約1億3千万人ですが、世界ではその半数近くにあたる人々が故郷を追われているのです。

数字にしてしまうと、一人ひとりの顔が見えず、ただの大きな数の集団としか感じられないかもしれません。でも、その一人ひとりに、人種や宗教が違うというだけで迫害されたからとか、武力紛争が激化して安全でなくなったからとか、故郷を捨てなければならないそれぞれの理由があります。

そして、避難する長い道のりの途中で家族が離れ離れになってしまったり、地雷を踏んで手足を失ってしまったりといった、それぞれの物語があります。なんとか生き延びたとしても、難民を受け入れている国も経済的に貧しい場合も多いので、避難先で十分な食料や生活に必要な物資の支援を受けられないこともあります。学校に行けなかったり、たとえ通えても、言葉が違ったりして、授業が理解できないかもしれません。もちろん、難民となっても、逃れた先で一生懸命に努力して、生活の基盤を築き、成功をおさめる人もいます。

本書は難民となった子どもたちの実話です。いま、この瞬間にも世界のどこかで故郷を捨てて逃げている最中の子どもたちがいます。この本を読んで、そんな子どもたちの苦悩・希望・決意を少しでも想像してみてください。そして、世界の難民に対して、みなさんができることが何かないかを少しでも考えてくれたらうれしいです。

「難民を助ける会」専務理事
堀江良彰